AF327756

XXXVIII.

NOUVEAUX
MEMOIRES
POUR SERVIR
A L'HISTOIRE
DU
CARTESIANISME.

Par *M. G.*

De l'Academie Françoise.

A AMSTERDAM,

Chez HENRY DESBORDES, dans
le Kalver-Straat, prés le Dam.

M. DC. XCVIII.

AU
PRINCE
DES
PHILOSOPHES
CARTESIENS.

Monsieur,

Personne ne doit s'interesser plus que vous à cet ouvrage, car comme

les

les vôtres qui vous ont fait tant
d'honneur & de profit, vous
ont acquis sans contredit la repu-
tation du plus ferme appui de l'E-
cole Cartesienne, & que vous êtes
aujourd'hui reconnu dans toutes les
ruelles & parmi les Dames spirituel-
les & virtuoses pour protecteur de la
Matiere subtile, patron des Globules, & défenseur des Tourbil-
lons, je ne puis douter que vous
ne soyez agreablement surpris de
voir ressuscité l'inventeur de toutes
ces merveilles. Cette découverte,
MONSIEUR, est le fruit
de mes voyages. Ma curiosité
m'ayant porté en Suede, il y a quelques années, j'entendis dire sour-
dement qu'un homme inconnu en-
seignoit le Cartesianisme dans la
Lapponie, avec tant de suffisance
& d'autorité, que M. des Cartes
en personne ne pourroit pas mieux
faire. Moi, qui ai toûjours été
assez alerte sur cette doctrine, je par-
tis

tis auſſi-tôt pour m'éclaircir de la
verité, & je trouvai plus que je
n'avois eſperé ; car les portraits que
j'avois veus de M. des Cartes, me
le firent reconnoiſtre aprés l'a-
voir un peu conſideré, quoi que d'a-
bord je le priſſe à ſa figure pour un
Lappon. Veritablement j'eus peur de
quelque enchantement, ayant oüi parler
ſouvent de ce que les Lappons ſavent
faire ; & croyant bien qu'un homme
qui peut prendre la figure d'un loup,
peut aiſément prendre la figure d'un
autre homme ; mais quand j'eus
entretenu celui que je voyois, je
connus auſſi-toſt que ce ne pouvoit
être un autre que le veritable M.
des Cartes. Mon étonnement fut
augmenté par le recit qu'il me fit
des évenemens extraordinaires de ſa
vie, qui ſont rapportez dans la re-
lation que je vous preſente : & ma
joye fut infinie, de me trouver à
la ſource de toutes les belles choſes que j'avois leuës dans ſes ou-

                    vrages

vrages, & qui sont si bien expli-
quées dans les voſtres. Mais
quoi qu'il ait pris soin de me découvrir les myſteres de sa Philoſophie, j'avouë neantmoins que je me
trouve encore bien éloigné de cette
profondeur dans laquelle vous avez pe-
netré, & j'oserois quaſi dire que vous
étes plus Carteſien que M. des Cartes lui-même. Car lorſque j'ai leu
ce que vous avez écrit touchant di-
verſes queſtions, sur leſquelles je l'a-
vois conſulté, j'ai trouvé que vous
l'entendiez bien autrement, & bien
mieux qu'il ne s'entendoit. Il me parut même quelquefois embaraſſé sur
les objections que lui faiſoient les jeu-
nes Lappons, dont vous vous tirez
sans peine par la subtilité de vos nouvelles diſtinctions; de sorte que l'on
peut dire, que vous estes presque auſſi inventif, & beaucoup plus reſolu-
tif que lui. Ayant ſçeu neantmoins
de lui-meſme, qu'il étoit de la Con-
frerië des Roſe-croix, gens qui cou-
rent

rent le monde sous diverses figures,
j'ai douté quelquefois s'il n'auroit
point pris la vôtre, s'il ne seroit point
le véritable auteur de tous vos beaux
écrits, & si lorsque je vous dédie celui-ci, ce ne seroit point à lui que je
le dédie. Je m'en rapporte à vôtre
conscience, MONSIEUR, contre
laquelle je ne vous soupçonnerai jamais
de rien dire, comme vous sçavez que font
tant d'autres gens; & je vous conju-
re de déclarer qui vous êtes, afin que
si vous êtes M. des Cartes l'on
vous rende tout l'honneur qui
vous est dû. Pour mon particulier,
je n'ai pas trop de besoin de cet éclair-
cissement : car soit que vous soyez M.
des Cartes, ou M..... je ne fais
nulle différence entre vous, & je
vous estime également, & auquel de
vous deux que s'adresse cette Epistre
Dédicatoire, je la tiens toûjours tres-
bien adressée, & elle ne sçauroit porter à faux, ni tomber qu'en bonne
main. Au surplus, comme je pro-

A 4

mis

mis à M. des Cartes en le quittant,
de retourner bien-tôt vers lui, je lui
tiendrai parole, car quoi qu'on di-
se, les gens de mon païs n'y manquent
gueres. Quand je n'y serois attiré
que par la promeße qu'il m'a faite,
de m'apprendre ses plus rares secrets,
& ses coups de maiſtre, & principalement l'art de me rendre invisible
quand je voudrai, je l'irois cher-
cher à l'autre bout du monde.
Lors que je seras parvenu à ce
point d'érudition Carteſienne, vous
me verrez à toute heure auprés
de vous, & quand nous nous se-
rons un peu familiarifez, nous
aurons ensemble des entretiens bien
plus myſterieux que celui-ci. J'eſ-
pere même que l'envie vous
prendra, comme à moi, d'aller
voir noſtre maiſtre dans ſa retraite : & ſi une fois nous pou-
vons nous réünir, & mettre nos
trois têtes dans un bonnet, c'eſt
fait d'Ariſtote, & de toute ſa ſe-
quelle.

quelle. Lisez cependant, MON-
SIEUR, cette premiere par-
tie de mes Memoires. C'est
un morceau de l'Histoire de M.
des Cartes, qui seroit demeurée in-
connuë sans moi. Elle vous tire-
ra de l'erreur, où il vous a jet-
té avec le public, & vous desa-
busera de la fausse opinion de sa
mort. Il importe que le chef vi-
sible du Cartesianisme soit instruit
des avantures merveilleuses de
son chef invisible. Les parties
qui suivront celle-ci vous expli-
queront de quelle maniere il a
mis en pratique dans son au-
ditoire Lappon, son admirable
methode, & avec combien de
justice il s'est vanté qu'en la
trouvant il avoit trouvé la veritable clef de toutes les sciences.
Je me tiendrai bien payé de mon
travail, si vous l'honorez de vôtre protection, & s'il vous per-
suade que l'estime que j'ai pour

A 5

vôtre

vôtre merite, est aussi sincere que la profession publique que je fais d'être,

MONSIEUR,

Vôtre tres-humble & tres-obéïssant Serviteur,

G. de L'A.

NOU-

NOUVEAUX

MEMOIRES

POUR SERVIR

A L'HISTOIRE

DU

CARTESIANISME.

Par M. G. de L'A.

QUAND le bruit de la mort de Mr. des Cartes, arrivée en Suede, se répandit en France, l'Abbé Picot, son Confident, ne fut pas de ces dupes

qui

qui la crurent. La nouvelle eſt fauſſe, dit-il publiquement dans la Salle du Palais. Je ſçais bien ce qu'il m'a dit, il connoiſſoit trop bien ſa machine. L'Abbé Picot avoit raiſon. M. des Cartes ſe portoit bien, & voici comme les choſes ſe paſſerent.

Lors qu'il vit que la Reine Chriſtine ne goûtoit pas ſa nouvelle Philoſophie autant qu'il l'avoit eſperé, & qu'elle diſoit tout haut qu'elle s'en tenoit à ſon Platon & à ſon Ariſtote, & que réveries pour réveries, les anciennes valoient bien les nouvelles, il prit reſolution de quitter la Suede. Il propoſa ce deſſein à ſon ami M. Chanut, Ambaſſadeur de France, homme de bon ſens, qui en fut ſurpris, & lui en demanda la raiſon. Ne voyez-vous pas, répondit M. des Cartes, comme la Reine me traite? Elle eſt obſedée d'un tas de Peripateticiens, de Poëtes, & de Grammairiens, qui lui

lui rempliſſent la teſte de Grec &
de Latin, & la dégoûtent de ma
Philoſophie. Elle en plaiſante
même quelquefois à ma barbe ; &
hier encore, comme je regardois
du coin de l'œil la belle Sparre,
elle s'en apperceut, & me dit devant toute ſa Cour, qu'apparem-
ment il ſortoit des particules ſtriées
des yeux de cette Fille, qui me
faiſoient tourner la tête de ſon côté.
Une autre fois elle me demanda ſi
le principe de l'Amour conſiſtoit
dans la matiere ſubtile, ou dans les
globules du ſecond élément. Je
lui montrois dernierement un livre que j'ai compoſé dans ma jeu-
neſſe, & que j'ai intitulé, *Demo-
critiqua*. Ce ſont les premieres ébau-
ches de mon ſyſtéme. Mais quoi,
me dit-elle, ne vous avois-je pas
ouï dire que vous ne connoiſſiez
ni Democrite, ni ſa doctrine? Cette Princeſſe eſt vive, & rompt en
viſiere, & ſes bruſqueries ne laiſ-
ſent pas d'embaraſſer. Vous eſtiez

pre-

preſent, Monſieur, lors que pour me tourner en ridicule, elle me voulut faire danſer au bal. Elle eut beau m'alleguer l'exemple d'Ariſtippe, je ne donnai pas dans ce panneau-là; cela eût été bon du temps que je m'habillois de vert. Je m'en ferois alors acquitté comme un autre, & peut-être mieux qu'un autre, car les regles de la danſe dépendent de la Statique, & par conſequent de la Geometrie, & j'avois deſſein d'en écrire lors que je compoſai mon Traité de l'Eſcrime. Je ne pus me défendre des ſollicitations de la Reine qu'en lui donnant le change, & m'offrant de faire des vers pour le Bal. M. Charnut l'interrompit là-deſſus. Je fus bien faché, dit-il, de vous entendre faire cette avance, car je me doutai bien que vous ſeriez pris au mot. Et moi, lui répondit M. des Cartes, je ne m'en repens point, car mes vers furent aſſez bien receus, & ce ſuccés me flata ſi agreablement,

Morhoffius Tom. 2. l. 1. c. 15. §. 8. p. 117. Ballet de mr. des Cartes, pour le jour de la naissance de la Reyne Christine.

blément ; que j'entrepris de faire
la Comédie que vous avez veuë. La
Reine affriandée par mes premiers
vers, ne put résister à l'impatience
de voir ces derniers. Il fallut les
lui lire avant que la piéce fût achè-
vée. Elle fit assembler tous les
beaux esprits de la Cour, & vous
fustes témoin de l'applaudissement
que cette Piece reçût de toute l'assis-
tance. Non pas de toute, reprit
M. Chanut, car tandis que plusieurs gros Suedois & Allemans,
pour paroître sçavoir bien nôtre
langue, qu'ils n'ont jamais appri-
se que dans la Grammaire Françoise, vous applaudissoient, j'ap-
perceus dans trois ou quatre François, qui étoient auprés de moi,
un soûris moqueur qui n'étoit pas
favorable à vôtre ouvrage. Je les
entendois se disant entre-eux, tantôt qu'un vers étoit trop court;
tantôt qu'un mot n'étoit pas François; & que vous l'aviez apporté
de Poitou, ou de la Nort-Hollande.

de. Le jeune Voſſius même s'ap-
procha de la Reine, & lui dit,
qu'on reconnoiſſoit bien dans cette
Comedie le mépris que vous faiſiez
d'Ariſtote, parce que ſi vous aviez
lû ſa Poëtique, vous auriez mieux
obſervé les regles du Poëme Dra-
matîque. Vous voyez bien qu'il
a cherché à ſe vanger par ce diſcours, de celui que vous tintes dernierement à la Reine, pendant
qu'il lui enſeignoit le Grec, lors
que vous dîtes un peu trop crûment
à cette Princeſſe, que *vous vous
étonniez qu'elle s'amuſaſt à ces baga-
telles, & que Dieu merci, vous aviez
oublié tout ce que vous en aviez appris
dans le college.* Vraiment, dit M.
des Cartes, je n'avois garde de man-
quer à lui porter ce coup. Qu'eût
penſé de moi la Princeſſe Eliza-
beth à qui je l'avois promis? Eſtoit-
il digne d'une Reine comme
elle, de s'abaiſſer à ces pauvretez-
là, & d'un Philoſophe comme moi,
de le ſouffrir? Cela ne la fit pas
pour-

pourtant changer de conduite, repliqua M. Chanut, & Voffius ne
vous le porta pas loin ; car j'ai
fceu que fi-tôt que vous fuftes forti, il alla querir vôtre Geometrie
Françoife, & montra à la Reine
un endroit, où aprés avoir cité un
paffage de Pappus, vous ajoûtez
ces paroles : *Je cite plûtôt la verfion
que le texte Grec, afin que chacun
l'entende plus aifément ;* & lui fit
remarquer, qu'encore que de vôtre propre aveu, vous ignoriez entierement la langue Grecque, &
même que Pappus n'ait jamais été
imprimé en Grec, vous aviez pourtant affecté par une oftentation pue-
rile, de paroître fçavant en Grec ;
car on ne foupçonnera pas un homme entierement ignorant dans cette langue, d'aller confulter les ori-
ginaux Grecs. Pour celui-là, dit
M des Cartes, je ne puis le defa-
voüer ; car je croyois bonnement
qu'il y avoit quelque édition Grecque de Pappus ; & encore que je
n'ap-

n'approuve pas qu'on fasse son ca-
pital de la langue Grecque, j'esti-
mai neanmoins que ce seroit quelque sorte d'ornement pour ma Philosophie, que l'opinion qu'on auroit que je sçaurois cette langue.
Mais je n'y serai pas repris, & je
donnerai bon ordre pour faire effa-
cer ces paroles dans les éditions,
& dans les Versions, qu'on pourra faire à l'avénir de cet ouvrage.
Aprés tout croyez-vous que ce soit
un si grand crime d'user de ces pe-
tits déguisemens ? Il y a un certain
art dans la vie pour se faire du nom,
que bien des gens connoissent, mais
que fort peu savent pratiquer adroi-
tement. Croyez-vous que tous les
savans sachent tout ce qu'ils paroiss-
sent savoir ? Et croyez-vous au contraire qu'ils ignorent tout ce qu'ils
feignent d'ignorer ? Quand j'ai pu-
blié mes Principes, il m'auroit fait
beau voir d'aller dire que je les ai
pris de Democrite, de Plutarque, de
Brunus, de Kepler, & de tant

d'au-

d'autres. Je m'en suis bien gardé.
J'ais pris grand soin au contraire,
de persuader à tout le monde, que
je faisois peu de cas de tous ces
gens-là, & que je ne daignois pas
les lire. Me serois-je pas fait bien
de l'honneur, si lorsque je propo-
sai ma démonstration de l'existen-
ce de Dieu, qui a fait tant de bruit,
j'avois averti le public qu'elle est de
S. Anselme, & que je l'avois trou-
vée dans la Somme de S. Thomas?
Et si je m'étois vanté que j'avois
tiré du livre de Galien, De l'u-
sage des parties, cette jolie découverte, que le principal siege de
nôtre ame est dans la glande pinea-
le? L'adresse de s'approprier finement les choses donne toute la gloire de l'invention. Oui, dit M.
Chanut, pourveu que cela se fasse
si finement, qu'on n'en apperçoi-
ve jamais rien: mais si l'on vient
à en soupçonner quelque chose,
comme il arrive-tôt ou tard, tout
est perdu. Nullement, repart M.

des

des Cartes, on en eſt quitte pour
dire, que les bons eſprits ſe ren-
contrent. Vous avez pourtant veu,
répond M. Chanut, l'embarras où
vous a mis la Reine ſur vos De-
mocritiques. Et penſez-vous que
tous ces gens ſavans que vous avez
traittez avec tant de mépris, les
Gaſſendi, les Hobbes, les Rober-
val, ne découvrent jamais cet artifice, & que quand ils l'auront
découvert, ils ayent pour vous plus
d'indulgence, que n'en a eu Voſſius ſur l'affaire de Pappus, & qu'ils
vous en croyent ſur vôtre parole,
lorſque vous direz que vous vous
eſtes rencontré par hazard avec les
inventeurs de vos opinions? Il n'y
auroit perſonne qui ſur ce pied-là
ne ſe puſt faire inventeur de tout
ce qu'on a jamais découvert de plus
beau. Il auroît mieux valu, ce
me ſemble, pour vôtre intereſt,
menager un peu davantage ces
gens-là, & garder avec eux un peu
de meſures d'honneſtêté. Ils vous
au-

auroient bien passé des choses qu'ils releveront à la fin fort desagreablement pour vous. Il est vrai, dit M. des Cartes, qu'en prenant cét air de hauteur avec ces gens-là, il peut y avoir quelque chose à perdre ; mais à mon avis, il y a beaucoup plus à gagner en les abbaissant : & il importe peu que ce soit en les mettant au-dessous de soi, lors qu'on ne se peut mettre au-dessus d'eux ; pourveu qu'ils ne nous égalent pas. Quand on a acquis un certain degré d'estime, on peut tout hazarder. A la faveur de cette autorité que je me suis donnée, j'ai fait recevoir ma doctrine sans être examinée & j'ai mis les choses en tel état, qu'il n'y a point de proposition si extravagante, que je ne fasse passer. Je veux vous en dire quelques exemples. J'avois donné à la terre le même mouvement que Copernic lui donne. Je sceus que Galilée avoit été maltraité à l'Inquisition,

pour

pour avoir soutenu cette opinion. Je ne changeai pas pour cela de sentiment. J'imaginai seulement une nouvelle définition du mouvement ; bizarre à la verité, car il s'ensuit de cette définition, qu'un homme pourra aller d'ici à la Chine, sans bouger de sa place ; mais qui a pourtant ébloüi tous mes sectateurs, par la confiance avec laquelle je l'ai proposée. On me faisoit quelques objections importunes contre ce fameux raisonnement, qui est le fondement de ma Philophie, par lequel de ce que je pense, je conclus que je suis. Je ne balançai point à répondre que ce raisonnement qui renferme trois termes, comme tous les raisonnemens du monde, n'est pourtant point un raisonnement, mais une simple proposition, qui neantmoins n'en doit renfermer que deux. Mes Disciples se feroient tuer aujourd'hui pour soutenir cette réponse, toute insoutenable qu'elle est. Je

ris

ris quelquefois de leur simplicité, quand je les vois défendre de bonne foi, ce que j'avois avancé au plus loin de ma pensée ; mais je ne laisse pas d'en profiter. Et voilà dequoi servent cette fierté, cette adresse, & cette dissimulation que vous desaprouvez. Mais revenons à nôtre Comedie. Ce qui me déplut davantage, continua M. Chanut, lors que vous la leûtes, c'est que la Reine vous faisoit repeter malicieusement tous les mauvais endroits. Elle s'arréta particulierement sut ces deux vers, qui en effet ne sont pas dignes de vous : soit qu'ils viennent de vôtre cru, ou que vous les ayéz pris d'ailleurs.

En ce cas vous auriez Dorinde
pour épouse.
C'est un fort bon parti Monsieur,
entre autres chouses.

J'aurois bien voulu interrompre cette farce, mais j'en fus empéché par le respect de la Reine, qui paroissoit

roissoit s'y divertir plus que je n'aurois voulu. Il est vrai que je ne remarquai rien de tout cela, dit M. des Cartes, mais quand je l'aurois remarqué, croyez-vous que je me fusse arrêté ? Tant pis pour ceux qui n'ont point de goût. Vous avez veu par mon Traitté des Passions, qne j'en connois bien les causes, & que je sçais par conséquent les moyens de les exciter, & de les calmer à coup seur. Et ç'a été principalement pour m'en assurer que j'ai voulu essayer ma Comedie sur ces Suedois & ces Allemans, dont vous parlez, qui sont de bonnes gens, francs & droits, agissant naturellement, & dont le goût n'a point été corrompu par ces faussses regles d'Aristote, ni par ces mauvaises Comedies de Corneille, de des Marais, & des cinq Auteurs, qui ont fait tant de bruit en France. Je prétens avec ma methode, qui est la veritable clef de toutes les sciences,

in-

(15)

inventer une nouvelle Poëtique,
qui fera voir clairement qu'Arif-
tote n'y entendoit rien, non plus
qu'en Phyfique & en Logique.
Mais ce n'eft pas dans un lieu
comme celuy-cy, que j'execute-
ray mes defleins ; il me faut de
la retraite, du repos, de la liberté, & des gens capables de profiter de mes lumieres, des gens
fimples, dociles, fans préjugez,
ou capables de s'en défaire. Je
ne vous diffimulerai point, car
vous eftes trop de mes amis, que
j'eftois venu icy dans l'attente ;
non pas de m'aggrandir, car je
méprife fort la fortune ; mais de
me mettre un peu plus au large
que je ne fuis. Si les efperances
que mes Amis de Paris me don-
nerent fi mal à propos, il n'y a
guere plus d'un an, avoient
réüffi, peut-eftre m'en ferois-je
contenté. Ce fut alors que croyant me faire plaifir, ils me
manderent que j'eftois fi fort defiré

B   à la

à la Cour de France, que fi j'y
paroifſois, j'y charmerois tout le
monde, & qu'ils eſtoient aſſurez
pour moy d'une groſſe penſion.
Je fus aſſez ſimple pour les croire;
je quittay les douceurs de ma
ſolitude d'Egmont, & je vins
à la Cour par le meſſager. Je
pris un logement vers le quartier du Louvre, pour eſtre à
portée du Palais Royal, & de
Saint Germain. Me ſouvenant
pourtant que j'eſtois Philoſophe,
je ne crus pas qu'il me convinſt
de me loger dans ces grands
Hoſtels, où il y a un trop grand
abord de toutes ſortes de gens.
Je choiſis une petite porte ronde,
& pour éviter le bruit, je me
mis au troiſiéme étage. Je me
fis habiller en Cavalier, & à peu
prés comme les gens de la Cour.
J'aurois continué de porter là,
comme ailleurs, mon plumet
blanc, & mon habit vert, qui
me plaiſoit ſi fort, ſi je n'avois
ap-

apprehendé quelque raillerie fem-
blable à celle que le Tudefquin
y avoit efluyée en cas pareil,
quelques-années auparavant, dans
un Poëme, qui commençoit
ainfi :

Déja le Tudefquin par trois fui-
    vans hyvers
Avoit fait voir en Cour fes ha-
    billemens verts.

Je fis favoir mon arrivée à ces
Meffieurs qui m'avoient appellé.
Qui fut bien étonné, ce furent
eux, voyant que j'avois pris au
pied de la lettre, ce qu'ils ne
m'avoient mandé, difoient-ils,
que comme un fouhait, & par
complaifance. Mais je fus encore plus étonné qu'eux, lors qu'au
lieu de toucher cette penfion dont
on m'avoit leuré, je fus obligé
de payer l'expedition d'une efpe-
ce de brevet qu'ils avoient extor-
qué de quelques Commis, &
dont un de mes proches avoit fait

les avances. Je ne fus pas moins surpris, lors que me presentant à la porte de la chambre du Miniſtre, & demandant à saluër son Eminence, un Huiſſier me la ferma au nez sans me répondre. J'eus besoin de toutes mes regles de Morale, pour digerer cet affront, d'autant plus rude que je m'eſtois imaginé que toutes les portes s'alloient ouvrir devant moy. Je le digeray pourtant, & personne ne le ſçeut, car je n'eſtois connu d'aucun de ceux qui en furent témoins. Je resolus bien dans ce moment de m'enveloper deformais de ma vertu, & de renoncer aux vanitez de ce monde. Cependant toutes mes resolutions s'évanoüirent à ces nouveaux rayons d'esperance que vous me donnaſtes pour m'attirer icy. J'y suis venu, & vous voyez comme j'y suis receu. Je pardonnerois pourtant volontiers à la Reine toutes ses railleries; ſi

el-

elle executoit la propofition qu'elle vous fit dernierement de me
donner une Baronnie de dix mille livres de rente dans le Duché
de Bréme ; quoy que dans les
bruyeres de ce païs-là il faille un
grand terrein pour produire un tel
revenu. Car enfin , Philofophe
tant qu'il vous plaira, l'argent ne
gâte rien. quand ce ne feroit que
pour fournir aux experiences. Le
revenu de ma terre du Perron ,
que je vendis avec une autre terre pour la fomme de mille écus,
ne m'auroit pas mené loin. Mais
j'ufois d'induftrie ; mes amis four-
niffoient l'argent, & moy les rai-
fonnemens.

Hé bien, luy dit M. Chanut;
mais enfin, à quoy vous réfolvez-
vous ? Je vais vous le dire, répond M. des Cartes. Mon def-
fein vous paroiftra bizarre, mais
écoutez toutes mes raifons, &
peut - eftre l'approuverez - vous.
Vous fçavez combien je fuis con-

B 3

nu

nu en Hollande ; j'avois choifi la
folitude d'Egmont , comme un
afile contre l'importunité des vi-
fites. J'y trouvay du repos dans
les commencemens , mais prefen-
tement que j'y fuis achalandé,
ce n'eft plus cela. Les faineans,
& les curieux, Hollandois, François, & Allemans, m'y viennent
affaffiner de leurs doutes, de leurs
problémes , & de leurs objections. On ne peut foutenir toûjours cette *qualité onereufe d'Ora-*
cle du Genre humain. Il faut bien
fe démafquer quelquefois , & revenir à fon naturel ; & c'eft ce
qui ne m'eft plus permis en ce
pays-là. Vous ne fçauriez vous
imaginer combien ma pauvre fille
Francine m'a caufé d'ennuis, non
feulement quand je la perdis ,
quoy-que je l'aye pleurée à me
crever les yeux , mais encore
quand elle nâquit. Ce fut dans
le temps que j'étois occupé à faire
des experiences pour mon Traité

de

de la formation du Fœtus. Toute
cette racaille de Vœtius, de
Schookius, de Revius, de Tri-
glandius, s'en formaliserent, &
me firent avaler mille couleu-
vres. Jugez de-quoy ces gens-
là se mêlent. M'informay - je
de ce qu'ils font dans leurs mé-
nages ? On n'est point exposé
en France à de semblables dé-
gousts. Du temps que j'estois
en Touraine, & que j'en con-
tois à Madame de la Michau-
diere, je ne trouvay point à
mon chemin de tels censeurs.
Il est vray qu'elle prévint les
discours par le peu de cas qu'elle fit de ma galanterie ; mais
c'est que mon livre Des passions
n'estoit pas fait, & que je ne
connoissois pas encore les causes
& la nature de l'Amour. Les cla-
bauderies de ces Professeurs Hollandois me firent prendre pourtant un peu plus de précautions
en quelques autres rencontres pa-

reil-

reilles ; car entre nous, la gran-
deur de mes revelations ne m'em-
pêche point d'estre tenté comme un autre homme. La mere
de cet enfant, dont les services
m'estoient commodes dans ma ré-
traite depuis long-temps, fut con-
trainte de me quitter, ne pou-
vant plus soûtenir leur babil.
On la montre encore au doigt,
comme une rareté. Trouvez-
vous tout cela bien agréable,
Monsieur ? On m'a fait pis encore. Les juges d'Utrect, à l'ins-
tigation de ce Pedant de Voetius,
m'ont cité & condamné comme
un criminel. Le public a esté
susceptible de ces impressions. Je
le remarque à la contradiction qu'on
apporte à mes livres en les lisant,
& a l'indifference qu'on a pour les
lire. Les libraires se plaignent qu'ils
n'en ont pas le debit, & refusent
d'en imprimer de nouveaux. Les
marchandises qu'on apporte icy
de Hollande, ne sont couver-
tes

tes que de mes Écrits , & mon valet Schluter me rapporta l'autre jour je ne fçay quelle drogue qu'il venoit d'acheter pour moy, envelopée d'une feüille de mes Meditations. L'euſſiez-vous jamais cru, Monſieur, que j'euſſe le déplaiſir de voir tomber dans un ſi indigne mépris des ouvrages qui feroient le bonheur de ce ſiecle , ſi ce ſiecle eſtoit capable de connoiſtre ſon bonheur? Pour comble de chagrin , mon Diſciple Regius , que je me croyois fidellement attaché pour la mort ou pour la vie , que je croyois *le premier Martyr du Carteſianiſme* , en eſt devenu le premier *Schiſmatique* , & l'a abjuré comme une hereſie. Fut-ce là la cauſe de voſtre rupture , demanda M. Chanut ? car encore que cette affaire ait fait beaucoup d'éclat , je ne l'ay jamais ſceuë à fond. Ce ne fut pas tant ſa revolte ; qui le broüilla avec

moy,

moy , repart M. des Cartes , que la maniere audacieuse dont il la fit. Comme je luy ay appris tout ce qu'il sçait , j'estois en droit de l'avertir de ses fautes. Il trouva que je le faisois un peu trop magistralement. Cet insolent me traita à son tour de visionnaire & d'enthousiaste ; ma Metaphysique d'extravagante , d'obscure , & d'incertaine ; & ma preuve de la distinction du corps & de l'ame , de temeraire & d'indiscrete. Il n'estoit pas de ma dignité de me commettre avec un tel brutal ; j'aimay mieux filer doux , & le laisser là pour ce qu'il vaut. Tout cela m'a si fort dégoûté de la Hollande , que j'estois sur le point de la quitter , quand vous avez persuadé à la Reine de m'appeller icy.

Cela estant, dit M. Chanut , pourqoy choisiriez-vous une autre demeure que celle de vostre

païs?

pais? Si c'eft la folitude que vous cherchez , vous trouverez des Egmont en Bretagne plus que vous ne voudriez ; car pour vous parler franchement, il m'a paru, comme à bien d'autres , quelque chofe de fantafque & de bourru dans voftre retraite de Nort-Hollande. Si c'eftoit le repos que vous cherchiez, combien auriez-vous pû trouver en France de lieux plus commodes, plus agreables , & auffi tranquilles que voftre Egmont ? Mais on a bien connu par toutes les piroüettes que vous avez faites en Hollande , errant de ville en ville , & ne vous fixant jamais en aucun lieu, que ce n'eftoit ny le monde , ny l'embarras que vous fuyiez. Je vous l'avoüe franchement, répond M. des Cartes ; car pourquoy déguifer les chofes à un amy auffi difcret que vous l'eftes ? Ce n'eftoient point là les raifons , qui me faifoient quitter

la

la France, non plus que la cha-
leur du climat , que je pre-
nois pour pretexte , comme s'il
euſt eſté contraire à mon tem-
perament , & comme ſi en me
deſſechant le cerveau , *il ne m'euſt
fait produire que des chimeres pour
fruit de mes Meditations.* Je ſçai
que la nature nous fait vivre ,
là où elle nous fait naiſtre ; &
que ce n'eſt pas tant la diſpo-
ſition de l'air , que celle de noſtre
eſprit , qui nous fait produire
des chimeres. C'eſt encore moins
l'obligation de paroiſtre à la Cour ,
qui m'a chaſſé de mon païs. Je
crois que j'aurois pû demeurer
ſur mon pailler , ſans qu'on ſe
fuſt apperceu à la Cour de mon
abſence. Mais la liberté phi-
loſophique pour laquelle j'ay toûjours eſté fort paſſionné , me
faiſoit craindre la délicateſſe des
Theologiens , & les cenſures de
la Sorbonne. Si les Proteſtans
de Hollande , à qui tout eſt
bon ,

bon , n'ont pû me fouffrir , qu'euffai-je dû attendre des Tho-miftes , des Scotiftes , & des Je-fuites , gens fi pointilleux , & irritez du mépris que j'ai fait d'A-riftote? J'ai bien peur neanmoins que toutes mes précautions ne me défendent pas toûjours de l'Indice Expurgatoire. Vous ne me propoferiez pas de me retirer en Bretagne , fi vous fçaviez la raifon que j'ai de m'en éloigner. Je n'y puis penfer fans douleur , nî vous la dire fans confufion. Mes proches ont de la peine à m'a-voüer pour leur parent. Ils ne me connoiffent que fous le *titre odieux de Philofophe* , & ne me re-gardent que *comme la honte de leur race*. D'ailleurs , la vivacité des efprits François ne me paroît pas une difpofition propre à recevoir mes dogmes. Je crus trouver dans ces entendemens Hollandois , dans ces têtes Frifonnes , dans ces cer-veaux Veftphaliens , quelque cho-fe se de plus mou , de plus souple, & de plus maniable. Toutes les disgraces que ma doctrine m'a attirées de la part de ces gens-là, m'ont bien desabusé. Si j'en étois le maître je ne voudrois que des femmes pour mes disciples. *Je les ai trouvées plus douces, plus patientes , plus dociles.* Je ne vois pas neanmoins, dist M. Chanut, que vous ayez beaucoup à vous loüer de la docilité de cette Reine-cy. Aussi , repliqua M. des Cartes, affecte-t-elle l'air & les manieres des hommes. Mais quoi qu'il en soît, le dessein que j'ai conceu, me dédommagera, comme j'espere, de tout le passé.

Tandis que M des Cartes parloit ainsi , M. Chanut l'écoutoit avec beaucoup d'attention, & croyant qu'il alloit cesser de parler ; continuez , dit-il, je vous prie , car j'ai une extrême impatience de savoir vôtre dessein. Je n'en ai pas une moindre, lui ré-

pondit

pondit M. des Cartes, de vous le dire. Vous saurez donc, Monsieur, qu'un Professeur de l'Academie d'Upsal, m'écrivit dernierement, pour me consulter sur quelqu'un de mes principes. Sa lettre me fut apportée par un de ses écoliers. La physionomie de ce jeune homme, qui me parut un peu sauvage, me donna la curiosité de savoir son païs. Il m'apprit qu'il étoit Lappon. Je fus bien aise de voir un homme de ce païs-là, dont j'avois ouï dire de si étranges choses; & pour connoître son génie, je lui fis diverses questions sur la Philosophie qu'il étudie, & je vous avouë que je fus surpris de la penetration & de la netteté de son esprit. Je voulus aussi me servir de cette occasion pour connoître la nature de la Lapponie. Je l'arreſtai pour cela un jour entier, & il m'apprit mille choses curieuses qui me feront fort utiles pour ma Physi-

que

que. Pour ne vous tenir point
plus long-temps en suſpens, je
pris dés ce moment la réſolution
de me retirer en ces quartiers-là.
J'y trouverai le repos & la ſolitude que je cherche, j'y ferai des
diſciples plus fidelles, plus dociles, & plus reconnoiſſans, qu'au-
cuns de ceux que j'ai pris ſoin
d'inſtruire juſqu'à cette heure. Ce
ſeront des tables raſes ſur leſquelles je pourrai tracer les premiers
traits de la verité, ſans craindre
l'obſtacle des préjugez. Je pourrai d'ailleurs y enviſager la nature
d'un côté qu'on ne la connoît
point. J'ai toûjours eu inclination pour le Nord. Vous ne
ſçauriez vous imaginer combien
la Nord-Hollande m'a appris de
ſingularitez de la nature, que je
n'aurois jamais appriſes en France. Ce ſera toute autre choſe en
Lapponie. Les Phenoménes de
ce païs-là, les longs jours d'été
ſans nuit; les longues nuits d'hi-
ver

ver sans jour, les crepuscules pré-
maturez, causez par les refrac-
tions, cette Aurore Boreale sur
laquelle M. Gassendi s'est meslé
de raisonner, les mineraux, les
animaux, les plantes, les hommes mêmes, tout cela merite d'ê-
tre veu de prés. Mais principalement ces spectres qui apparoissent
si souvent, ces Demons en forme
de mouches, ces boules animées
& enchantées, ces cordons dont
les nœuds estant défaits excitent
des tempestes, ce trafic qui se fait
des vents parmi ces peuples, le
pouvoir qu'ils ont d'arrêter les
navires en pleine mer, au milieu
de leur course; & sur tout les ef-
fets étonnans de leurs Tambours
Magiques; toutes ces choses me
donneront de grandes lumieres
pour connoître la fin des choses
naturelles, & le commencement
des surnaturelles.

Mais quoi, Monsieur, continua M. des Cartes ? je vous vois
haus-

hauſſer les épaules & froncer le
ſourcil. Eſt-ce qu'un deſſein ſi
raiſonnable vous choque ? Il me
choque aſſurément, reprit M.
Chanut, & plus que vous ne
ſçauriez croire, car vous ne vou-
lez pas qu'on vous flatte. Comment, en bonne foi, une fantai-
ſie ſi extravagante a-t-elle pû entrer dans une tête comme la vôtre ? Quoi ? vous vous réſoudriez
à quitter, pour ainſi dire, le commerce du genre humain, pour
vous aller reléguer parmi des bê-
tes feroces, qui n'ont rien d'humain que la figure, & dans un
climat où vous ttouvérez plus veritablement que vous ne dites, la
fin des choſes naturelles ? La pen-
ſée ſeule m'en effraye. Mais que
diront vos amis, & vos ennemis ?
Les uns diront que la cervelle
vous aura tourné, & s'en réjouï-
ront ; les autres ſeront forcez de
l'avouër, & s'en affligeront. J'ai
preveu tout cela, répondit froidement

dement M. des Cartes, & je ne ferois pas Philofophe, fi je m'en alarmois. Epimenide fut-il deshonoré pour avoir fait une retraite de cinquante & fept ans, étudiant la nature dans la folitude, fans avoir aucune focieté avec les hommes, & feignant à fon retour d'avoir dormi tout ce temps-là? Bien loin d'être deshonoré, il pafla pour un Dieu, & fes Compatriotes lui firent des facrifices. Les longues abfences & les grands voyages de Pythagore; lui valurent le même honneur, & fes difciples le prirent pour l'Apollon des Hyperboréens. Il eft vrai qu'Abaris, l'un d'entr'eux, les induifit dans cette opinion. Il étoit Hyperboréen lui-même, & il avoit été Prêtre d'Apollon dans fon païs. Il en étoit parti pour venir prendre des leçons de Pythagore; & il affura fes compagnons qu'il reconnoiffoit Apollon fous la figure de leur maître. Za-

molxis

molxis, valet du même Pythagò-
re, autre Philosophe du premier
ordre, quoique forti du fond du
Ford, fut eftimê être Saturne par
les Getes fes compatriotes ; & il
ne feroit jamais parvenu à cette
gloire, s'il n'auoit eu l'adreffe de
fe cacher pendant trois ans dans
une logette fouterraine qu'il s'é-
toit préparée. Les Lappons va-
lent bien les Hyperboréens, &
les Getes : & c'eft une grande erreur que de croire que les peuples
du Nord foient fi brutaux, témoins ceux que je viens de vous
nommer ; témoin Anacharfis Scy-
the, qui fut mis par les Grecs au
nombre des Sages ; témoin Or-
phée, Poëte & Philofophe de fi
grande réputation, qui naquit
dans le fond de la Thrace ; & témoin encore ce jeune Lappon
que j'ai entretenu. Et il ne faut
pas que vous vous imaginiez que
pour être dans la Lapponie, je
renonce au commerce des hommes

mes , & de mes anciens amis.
Vous me verrez au coin de vôtre
feu , lors que vous y penserez le
moins. Comment l'entendez-
vous , dit M. Chanut? C'est un
grand secret , repliqua M. des
Cartes , mais je n'ai rien de secret pour vous.

Sçachez donc, Monsieur, que
dans ma jeunesse je vins en Alle-
magne , & m'engageai dans les
troupes du Duc de Baviere, pour
y servir, non en soldat, mais en
Philosophe, c'est-à-dire, non pas
pour faire la guerre, & m'enga-
ger dans les occasions , *mais seulement pour en être spectateur. Je
commençai donc ma campagne par
me mettre en quartier d'hyver* dans
une chambre garnie. Ce fut alors
que je m'abismai dans mes pensées Philosophiques sans me mettre fort en peine des discours
qu'on faisoit dans les troupes de
cette nouvelle maniere de faire la
guerre. Un officier Italien, mauvais

vais railleur, me harceloit plus que les autres. Un jour, que j'eus besoin de prendre l'air, étant forti avec un affez gros parti de nos gens, nous en rencontrames un autre plus fort des ennemis, qui nous chargea brufquement. Comme nous nous retirions, je receus une legere bleffure au bras, qui m'obligea de porter le bras en écharpe affez long-tems. Cet Italien, jaloux de me voir ces marques honorables, m'abordant un jour en bonne compagnie, Monfieur, me dit-il, ce combat où vous avez été bleffé, y eftiez-vous? Vôtre demande, lui repondis-je, implique contradiction : comment pourroit on être bleffé à un combat, où l'on ne feroit pas? Que fçais-je, replique-t-il, fi vous ne vous êtes point fait bleffer avec de la poudre de Sympathie? Un homme curieux comme vous fçait bien d'autres fecrets. Je méprifois

fois ces froides plaisanteries, & j'allois toûjours mon chemin, faisant des progrez incroyables dans la recherche de la verité. Comme j'étois au fort de mes méditations, il m'arriva pendant une nuit qui suivit une soirée du jour S. Martin, aprés avoir un peu plus fumé qu'à l'ordinaire, & ayant le cerveau tout en feu, de me sentir saisi en dormant *d'une espece d'enthousiasme* pendant lequel je fus favorisé *de visions & de revelations* merveilleuses. *L'esprit de verité descendit sensiblement sur moi, & m'ouvrit les tresors de toutes les sciences;* & même il me fit connoître les principaux *évenemens qui m'étoient preparez dans la suite de ma vie.* Je songeai entr'autres choses qu'on m'avoit fait present d'un melon, ce qui me présageoit les douceurs que je devois goûter dans la solitude; & c'est ce qui me détermina dans la suite à me retirer dans la Nord-Hol-

Hollande, & ce qui me fait re-
foudre encore à m'aller cacher
dans la Lapponie. Il eft vrai
que ces vifions me jetterent dans
l'ame de grandes frayeurs, quoi
que *le Genie qui excitoit en moi
cet enthoufiafme m'euft prédit ces
fonges avant que je me miffe au
lit :* & je ne pus calmer mon
efprit que par le vœu que je fis
d'aller en pelerinage à Nôtre-
Dame de Lorette, & que j'ac-
complis quelque-temps aprés.

M. Chanut l'interrompit à ce
difcours, pour lui demander comment il avoit reconnu que toutes
ces vifions étoient des revelations
du Ciel, & non pas des fonges
ordinaires, excitez peut-être par
les fumées du tabac, ou de la biere, ou de la mélancolie. Je l'ai
reconnu par ma methode & par
l'Analyfe, lui répond brufquement M. des Cartes. J'ai pris
ces revelations pour vrayes, par-
ce-que je les ai reconnuës certai-
nement

nement & clairement pour être
vrayes. J'ai examiné en particulier chacune des caufes que je pou-
vois avoir de douter de leur verité; j'ai difpofé par ordre les re-
flexions que j'y ai faites, en com-
mençant par ce qu'elles avoient
de plus fimple : & enfin je n'ai
laiflé pafler aucune des difficultez,
que peut fournir cette matiere
fans l'examiner. Eft-ce-là ce que
vous appellez vôtre methode, reprit M. Chanut ? Aflurément,
répond M. des Cartes, & elle eft
fi feûre, que je fçais par cette
voye tout ce qui eft vrai, & tout
ce qui ne l'eft pas, comme je
fçais qu'un & un font deux. Je
ne vois pas bien, lui dit M. Chanut, comment vous pouvez découvrir par-là qu'un melon figni-
fie la folitude, & je doute fort
que vous puiffiez apprendre ce fecret à vos Lappons. C'eft en quoi
cette methode eft admirable, repliqua le Philofophe, de déterrer

C

des

des veritez ſi éloignées de la raiſon humaine. Mon Syſtéme eſt
compoſé d'une infinité d'autres pa-
reilles, qui ne ſont à l'uſage que
d'un petit nombre d'eſprits d'une
trempe ſinguliere, & que je n'ai
découvertes que par ce ſecours.
Quoi qu'il en ſoit, l'impreſſion
que ces viſions firent dans mon
ame, fut ſi forte, que j'en fus trou-
blé pendant pluſieurs jours, & elle duroit encore, lors que j'entendis parler pour la premiere fois
des Freres de la Roſe-Croix. Vous
ſçavez, je croi, Monſieur, quel-
les gens ce ſont qu'on appelle ainſi. J'ai ouï dire, repliqua M.
Chanut, qu'il y en a de deux ſortes ; les uns ſont trompeurs, &
les autres trompez. Ils ne ſont ni
l'un ni l'autre, repartit M. des
Cartes. Je l'ai cru comme vous,
mais j'en ſuis deſabuſé. Ce ſont
des gens inſpirez extraordinaire-
ment de Dieu pour la reformation
des ſciences utiles à la vie des
hom-

hommes, de la Medecine, de la Chymie, & generalement de toute la Phyſique. Ils méſlent à ces connoiſſances un peu de cabale & des ſciences occultes. Ils vivent en apparence comme les autres hommes, mais en eflet fort differemment. Ils obſervent le celibat ; ils aiment la ſolitude ; ils pratiquent la Medecine ſans intereſt ; & ils ſont obligez de ſe trouver tous les ans à un Chapitre general de la Confrerie. Ce qu'on me rapportoit d'eux, me donna une grande curioſité de les connoître : particulierement ces ſecrets qu'ils avoient de ſe rendre inviſibles, quand ils vouloient, de prolonger leur vie ſans maladie juſqu'à quatre & cinq cens ans, & de connoître les penſées des hommes. Le ſoin qu'ils prennent de ſe cacher, fit que j'eus de la peine à découvrir quelqu'un de cette ſecte ; mais enfin j'en vins à bout. On me fit connoî-

tre

tre un des Freres. Celui-là m'en
fit connoître d'autres : & je fus enfin presenté aux Superieurs ma-
jeurs. Je fus charmé des merveilles que l'on me fit voir, & je
ne balançai pas un moment à demander d'être reçu. On accor-
da sans peine cette grace aux bonnes dispositions qu'on remarqua
en moi. Je fis mon Noviciat,
& ensuite ma Profession. J'ai passé depuis par tous les degrez de la
Confrerie, & j'ai enfin été élû un
des Inspecteurs. L'exactitude avec
laquelle je me suis assujetti aux Statuts, m'a merité cet honneur.
J'ai renoncé au mariage ; j'ai mené une vie errante ; j'ai cherché
l'obscurité & la retraite : j'ai quit-
té l'étude de la Geometrie, & des
autres sciences pour m'appliquer
uniquement à la Physique, à la
Medecine, à la Chymie, à la
Cabale, & aux autres sciences se-
cretes. Je me souviens bien,
lui dit sur cela M. Chanut, d'a-
voir

voir entendu dire alors à Paris
que vous eſtiez Frere de la Roſe-
Croix , & que vous prétendiez
établir cette ſecte en France ; mais
on me dit en même-temps que ces
diſcours ne vous plaiſoient pas , &
que vous faiſiez tout vôtre pouvoir pour en deſabuſer le monde.
Comment accordez-vous cela avec
ce que vous me cõntez ? Fort bien ,
répond M. des Cartes. M'euſſiez-
vous conſeillé de l'avouër , & ne
connoiſſez-vous pas le peuple ?
Tout le monde m'auroit regardé
comme un ſorcier ; & d'ailleurs ,
ne viens-je pas de vous dire que
les Statuts de la ſecte défendent
aux confreres de ſe faire connoître ? Je l'avoüai à mes bons amis ,
le Pere Merſenne, & l'Abbé Picot, & je fis devant eux des tours
du métier, dont le bon Pere étoit
ſouvent effrayé , & en avoit de
grands ſcrupules. Vingt fois il
m'a trouvé dans ſa cellule, lors
qu'il me croyoit en Poitou ; &

                    vingt

vingt fois je lui ai redit non-seulement tout ce qu'il avoit dit &
fait dans mon absence, mais même ce qu'il avoit pensé. Ne
vous souvient-il point d'avoir veu
quelquefois en ce temps-là mes
amis en peine de moi, ne sçа-
chant dequoi j'étois devenu ? J'é-
tois parmi eux, & au beau milieu de Paris ; & je me donnois
un plaisir, que les Rois ne se peu-
vent donner. Je jouïssois de ma
réputation sans soupçon de flatte-
rie, & je connoissois mes vrais
amis & mes ennemis. Je ne vous
dis pas plusieurs autres avantages
que j'ai tirez de cette secte. Les
principaux sont que je suis assuré
de cinq cens ans de vie, sauf à
prolonger si le cas y échoit ; &
d'une vie accompagnée d'un agré-
ment infini, puisque sans l'an-
neau de Gygés, & sans le casque
de Pluton, j'aurai le plaisir de
penetrer ce qu'il y a de plus secret dans les actions des hommes ;

&

& non-seulement dans leurs actions, mais encore dans leurs pensées. Je défie les Peripateticiens
d'en faire autant, & c'est-là, si
je ne me trompe, ce qui s'appelle, jetter de la poudre aux yeux
des anciens Philosophes qu'on a
tant vantez; d'Epimenide qui n'a
vécu que deux cens quatre-vingt-
dix-neuf ans, & n'a pu parvenir
aux trois cens; d'Abaris qui étoit
porté en l'air, & traversoit les
terres & les mers, monté sur une
fleche d'or, qu'Apollon lui avoit
donnée, & dont Pythagore, à qui
il la donna, fit un si bon usage,
qu'on le vit en un même jour à
Metaponte en Italie, & à Tau-
rominium en Sicile; & d'Apollonius même qui se vantoit de
connoître les pensées des hommes, quoi qu'il donnât ensuite
mille marques qu'il les ignoroit.
Or le principal fruit que je prétens retirer de tous ces biens,
c'est l'avancement de ma Philoso-
C 4

phie

phie; & voici comment. Vous favez que les Lappons, par le moyen de leurs Tambours magiques, font portez en efprit par tout où ils veulent, & que dans vingt-quatre heures ils en rapportent des nouvelles certaines, & des marques reconnoffables. J'enverrai ces gens-là à la découverte. Je fçaurai quel fera l'état de ma Secte à Paris, à Leide, à Utrect, & ce qu'on dira de moi à Stockholm, & felon les befoins je m'y tranfporterai. Je me ferai connoître à mes fages amis, & à mes fidelles difciples. Je leur donnerai les confeils, & les preceptes neceffaires pour la propagation de ma fecte, & pour l'extirpation du Peripateticifme. Quand quelque homme de mauvais fens s'élevera contre ma doctrine, je lui fufciteray des adverfaires à qui je fourniray des diftinctions captieufes, des termes équivoques, des ex-

preſſions ambiguës , propres à
arréter tout court les plus fins
Dialecticiens : dont pourtant je
ne laiſſeray pas de défendre l'uſage par mes preceptes, pour pouvoir m'en ſervir plus ſeurement.
Je les aguerriray contre toutes ſortes d'objections , & quand ils ſeroient pris en flagrante contradiction, comme il m'eſt arrivé quelquefois, je leur épaiſſiray le front
pour ne s'en point étonner & pour
ſe ſauver hardiment ſur quelque ſo-
lution ſpecieuſe. Et je n'attendray
pas autant de ſiecles qu'Ariſtote
pour avoir une auſſi longue liſte de
Commentateurs que luy. En cinq
cens ans de vie, on fait bien des
affaires.

Quelque bonne opinion que
M. Chanut euſt de la ſageſſe de
M. des Cartes, il ne laiſſa pas
d'eſtre choqué de l'irregularité de
tous ces deſſeins , & il voulut
quaſi ſe repentir de ſon eſtime ,
& croire que la meditation con-
C 5 tinuel-

tinuelle, & la longue contention
de cet esprit sublime en avoit un
peu relâché les reſſorts. Il aima
mieux neanmoins ſe défier du
ſien, ſelon ſa modeſtie ordinaire.
Il ne laiſſa pas pourtant de luy
repreſenter les inconveniens de
cette entrepriſe, combien elle
eſtoit indigne de la ſincerité d'un
Philoſophe, à combien d'accu-
ſations, de reproches, & de railleries il expoſeroit ſa ſecte; combien la Reine & toute la Cour
ſeroient choquées, quand elle le
verroit abuſer de la ſimplicité de
ſes ſujets, & employer des moyens, que le Chriſtianiſme juge
criminels, & qu'il tâche d'abolir,
à ſatisfaire une vaine curioſité. M.
des Cartes n'eſtoit pas homme à ſe
rendre à de telles raiſons; il tint
bon contre de ſi ſages remontrances, & crut, ou feignit de croire
qu'elles ne venoient que de defaut
d'amitié. M. Chanut ne pût re-
ſiſter à un ſoupçon ſi injurieux.
Puiſ-

Puifque vous expliquez fi mal ,
dit-il , les avertiflemens d'un ami
fidelle, je veux bien facrifier mon
devoir pour vous. Prenez tel-
le refolution qu'il vous plaira ;
je vous promets , non pas de
l'approuver, mais de ne m'y op-
pofer point , & de vous garder
le fecret. C'eft tout ce que l'amitié peut exiger de moy. Mais
aprés tout, comment efperez-vous
donc fortir d'jcy ? Difparoiftrez-
vous tout d'un coup devant la
Reine, comme fit Apollonius devant Domitien ? Prendrez-vous
congé d'elle ? Luy ferez-vous
confidence du lieu de voftre retraite ? Rien de tout cela, repart
M. des Cartes. J'ay imaginé un
moyen plus feur & plus com-
mode que tous ceux que vous me
pourriez propofer. Je vous le
communiquerois volontiers , fi
je ne craignois d'inquieter la dé-
licateffe de voftre morale, & de
mettre à une épreuve trop difficile, la gravité de voftre carac-

C 6

tere.

tere. Vous trouverez donc bon, s'il vous plaiſt, que je ne vous en diſe rien. M. Chanut le trouva meilleur que M. des Cartes ne vouloit, craignant d'entrer dans une conduite, qui luy paroiſſoit s'écarter un peu des routes ordinaires de la droite raiſon. Le moyen que le Philoſophe imagina pour ſortir de Suede, fut de faire ſemblant d'eſtre malade, puis de mourir, & de ſe faire enfin enterrer ; & cependant de ſe retirer *incognito* chez ſon Lappon. Il ne reçut dans cette confidence que ſon fidelle valet Schluter pour les ſervices ordinaires ; un François de ſa ſecte, moitié Chirurgien, moitié Medecin, pour le gouverner dans ſa maladie, & le faire mourir par les formes ; & pour avoir ſoin de ſon ame, un Eccleſiaſtique Savoyard, enfariné de la Philoſophie ancienne, & curieux de la nouvelle, qui ſe trouva à Stockholm ſous un habit de cavalier, & qui s'étoit fait con-

connoiſtre à luy. Il aſſembla ces trois perſonnages, & aprés les avoir engagez au ſecret par de grands ſermens, il leur propoſa ce nouveau ſyſtéme de ſupercherie qu'il avoit imaginé. Ces Meſſieurs en admirerent la ſubtilité, & l'aſſurerent du ſecours de leur miniſtere. Il fut arreté entr'eux, qu'il commenceroit à ſe trouver mal dés le lendemain, qu'il garderoit le lit, & qu'il feroit ſemblant d'éſtre aſſoupi, & d'avoir le cerveau attaqué pour avoir lieu de ne parler à perſonne, non pas même à ſon hoſte & à ſon amy M. Chanut, & encore moins à Madame l'Ambaſſadrice, ſans avoir égard aux droits ſacrez de l'hoſpitalité; & de ne ſe laiſſer voir qu'à ceux qui ſeroient du complot: & qu'il feroit venir cependant ſon nouveau diſciple Store (car c'eſt ainſi que s'appelloit ſon Lappon) qu'il s'embarqueroit avec luy, & iroit ſurgir à la coſte d'Uma, ville de Lapponie, prés du Golfe Botnique. Vous n'y ſongez pas, l'inter-

rom-

rompit le Preſtre Savoyard : cette
mer eſt preſentement toute glacée.
Je ne ſongeois pas en effet à cela , repart M. des Cartes ; mais les traineaux tirez par des Rennes ne nous
manqueront pas. Mon Lappon ſera
mon guide ; il aura ſoin de l'équipage ; d'Uma il me conduira dans
ſa cabane , & ſera bien fin qui m'y
découvrira , & de peur que cela
n'arrive, je prendray un autre nom.
Ce ſera là le ſiege de la verité , &
la Metropole de la bonne Philoſophie.   Elle n'eſt pas éloignée de
l'ecole de Lykſala , d'où Store m'a-
menera pluſieurs de ſes anciens ca-
marades qui y étudient, & pluſieurs
de ceux qu'il vient de quitter à
Upſal , & qu'il ſe promet de faire
revenir dans ce quartier-là ; & comme Ovide apprit aux Getes à faire
des vers , j'apprendray aux Lappons à ſe ſervir ſi utilement de leur
raiſon , qu'il n'y aura point d'Hi-
bernois heriſſé de ſyllogiſmes , qui
tienne devant eux.

Pour executer les choſes comme
el-

elles avoient esté proposées, M. des
Cartes commença dés le lendemain
à se plaindre d'un grand mal de
teste. Il ne mangea point pendant
tout le diné, quelque soin que prist
Madame l'Ambassadrice de luy servir tout ce qu'elle croyoit plus
propre à réveiller son appetit. Il se
mit au lit l'aprésdinée. On laissa le
moins de jour que l'on put dans la
chambre, pour tenir cachée la bonne couleur du malade; & le soir,
quand le monde fut retiré, M. des
Cartes se leva en robe de chambre,
& soupa fort bien avec son medecin, de ce que son Valet avoit apporté en cachette dans une Garderobe. Cela se pratiquoit ainsi d'ordinaire dans la suite, & ce Medecin
ne laissoit pas de se reserver encore
assez d'appetit, pour souper une se-
conde fois avec Mr. & Ms. Chanut,
lors qu'il alloit leur rendre compte
de sa visite; & il ne perdoit pas cette occasion de leur faire entendre
que la teste & la poitrine du malade
estant principalement attaquées, il
eftoit

estoit tres-important qu'il vist fort
peu de monde, & ne parlast point
du tout. Le Savoyard venoit de
temps en temps, au commencement
comme amy, & ensuite comme
ministre necessaire à un homme
qu'on jugeoit en danger de mort,
& prenoit part cependant à ces pe-
tits soupés sur l'assiette, qui se fai-
soient à la dérobée dans la chambre
de M. des Cartes, & Dieu sçait comme ils se divertissoient du succés
de cette farce, aux dépens des bons
Suedois, & quelquefois mesme de
M. Chanut avec ses scrupules. Les
visites de M. Welles, Hollandois,
Medecin de la Reine, & envoyé
par elle, les embarrassèrent; mais M.
des Cartes se tira d'affaires, en le
querellant, & le chassant fort rude-
ment de sa chambre, & luy défen-
dant d'y rentrer. Le medecin, qui
depuis qu'ils s'estoient connus en
Hollande, ne l'aimoit guere, & ne
l'estimoit point du tout, n'eut pas
de peine à avoir cette complaisance
pour luy; & depuis ce jour il ne
gou-

gouverna ſa maladie que par l'en-
tremiſe & ſur les rapports du Medecin François. Ce fut ſur ces rapports
qu'il fit ſon pronoſtic, & condamna
le malade à mourir dans trois jours.
Dans le conſeil ſecret qui ſe tint le
ſoir entre les Acteurs de la Comedie,
on ne jugea pas à propos de perdre
l'occaſion que leur preſenta ce pronoſtic, pour rendre la mort de M. des
Cartes plus vrai-ſemblable. Elle fut
arreſtée au troiſiéme jour ; mais l'in-
diſcretion de Schluter penſa gâter
tout le miſtere. Le malade toûjours
bien beuvant & bien mangeant, eut
envie de manger des panais le jour
qui luy avoit eſté marqué pour
mourir. Schluter, au lieu de les luy
apprêter dans ſa garderobe, comme
il luy appreſtoit tous les jours à
manger, pria le cuiſinier de M.
Chanut de les luy faire cuire, pendant qu'il alloit à quelque autre
commiſſion. Les domeſtiques qui
virent préparer ce mets, & qui ſça-
voient qu'il eſtoit au gouſt de M.
des Cartes, crurent aſſurément qu'il
eſtoit

estoit guery, n'ayant jamais vû
d'agonisant manger des panais.
Schluter qui reconnut sa sottise, eut
bien de la peine à la réparer, en ju-
rant qu'il les avoit fait apprêter
pour luy-mesme, & que son Maistre
luy avoit appris à les aimer ; & pour
le mieux persuader, il les mangea
devant eux, & en alla promptement
faire cuire d'autres dans sa chambre. Enfin l'heure fatale du trépas
arriva. On eut soin de tenir toûjours
les rideaux bien fermez. L'Ecclesiastique qui assistoit le malade dans
cette extrémité, & qui estoit bon
predicateur, s'étendit en longues remontrances, & fort pathetiques. M.
des Cartes attendoit qu'elles fussent
finies pour rendre le dernier sou-
pir, & l'Ecclesiastique attendoit
qu'il le rendist pour finir, faute d'a-
voir bien concerté cet acte impor-
tant de la piece. Enfin ce dernier se
lassa, & finit, & couvrit le visage du
Mort. Les valets pleurerent, Schluter fit le desesperé, & M. & Me.
Chanut touchez d'une veritable
dou-

douleur, s'enfermerent , & ne vou-
lurent voir perfonne. Mais quand
tout le monde fut retiré, les trois
confidens remonterent fecretement
pour voir comment fe portoit le défunt. Ils le trouverent en mauvaife
humeur contre ce bon Ecclefiaftique, de fa longue exhortation. A
quoy penfiez-vous donc, Monfieur,
luy dit-il, de me tenir fi long-temps
en cet état? Où en eftions-nous, s'il
m'avoit pris envie de touffer ou
d'éternuér? Croyez-vous qu'on
puiffe fournir à eftre quatre heures
à l'agonie? Il ne s'agit plus de cela,
interrompit l'Ecclefiaftique; il faut
penfer à voftre enterrement. J'y ay
penfé, répondit M. des Cartes; vous
pouvez me rendre un tres-bon of-
fice, & contribuer à mettre ma fecte en grande réputation, fi vous
pouvez perfuader à M. Chanut,
qu'avec fon adreffe ordinaire il ob-
tienne de la Reine qu'elle me faffe
enterrer dans l'eglife de l'Ifle des
Chevaliers, où l'on a coutume d'enterrer les Rois & les grands féi-
gneurs

gneurs du royaume, & qu'elle veüil-
le honorer ma sepulture de quelque
monument, qui marque au public,
& à la postérité, la veneration qu'a
eu cette Princesse pour la saine &
veritable Philosophie.   A ce discours le prestre complaisant part de
la main, & va travailler auprés de
M. Chanut, pour satisfaire la noble
ambition du Philosophe. Il n'y tra-
vailla pas long-temps : M. Chanut
estoit facile, & il estimoit le défunt.
Il promit tout ce qu'on voulut, &
dés l'aprésdînée il alla voir laReine;
& aprés luy avoir rendu compte de
ce qu'il croyoit savoir de la maladie
& de la mort de M. des Cartes ;
Comme je ne doûté pas, Madame,
dit-il, que vostre Majesté ne veüil-
le bien permettre qu'un homme
que son merite a mis hors du com-
mun des autres hommes pendant sa
vie, soit distingué d'eux aprés sa
mort, & qu'il soit enterré avec les
seigneurs de vostre royaume, je me
suis reservé pour ma part d'en faire
toute la dépense ; & je pretens luy
faire

se fit enterrer incognito.

faire dresser un tombeau de mar-
bré, le plus magnifique qu'il me se-
ra possible. Ce discours ne fut pas
receu de la Reine comme il avoit
cru. Elle répondit froidement que
le marbre seroit difficile à trouver
en Suede, & les ouvriers encore
plus. M. Chanut voyant son artifice
inutile, se repentit de s'estre si fort
engagé; mais enfin la qualité de
Philosophe, le mépris des honneurs
& des pompes du monde furent les
prétextes dont on se servit pour
faire des funerailles sans ceremo-
nie. Tandis que les choses se dispo-
sóient, une busche emmaillôttée
proprement par les soins de Schlu-
tér, aidé de l'Ecclesiastique, fut ho-
norée du caractere representatif du
Prince des Philosophes, & enfer-
mée dans une biere. M. des Cartes
cependant caché dans une entre
solle, prêtoit attentivement l'oreille
aux regrets & aux éloges, qu'il ne
doutoit pas que le public ne fist de
luy; mais du lieu où il estoit il n'en-
tendit rien. S'il n'eut pas ce plaisir,

il

il en eut un autre aſſez rare, qui fut
de voir paſſer ſon enterrement. La
magnificence du ſepulcre ſe redui-
ſit *par proviſion* à une machine de
bois couverte de toile peinte, &
chargée ſur les quatre faces de ſu-
perbes inſcriptions, & de loüanges
démeſurées; le tout à juſte prix. M.
des Cartes qui s'étoit chargé du ſoin
de compoſer ces ouvrages, ne ſe les
étoit pas épargnées, fondé ſur l'ancienne maxime, qu'on doit loüer
les gens aprés leur mort. Mais il arriva quelques jours aprés qu'un certain Peripateticien d'Oſnabrug,
qui voyageoit en Suede, ſçeut je ne
ſçais comment que M. des Cartes
avoit fait luy-meſme ces inſcriptions pendant ſa maladie, & ignorant les regles des Epitaphes, qui
appellent les choſes par des noms
honorables, & liſant ces paroles,
ſub hoc lapide; Eſt-ce ainſi, dit-il, que
le reſtaurateur de la verité nous en
donne à garder encore aprés ſa
mort; & il ajoûta furtivement &
méchamment ce mot avec du char-
bon, *ligneo.* Ce

Cependant le Lappon Store avoit preparé des traineaux pour porter M. des Cartes en son pays. Il les posta prés de Stockholm, dans un village dont on étoit convenu, & vint querir M. des Cartes dans l'obscurité de la nuit. Il partit avec son valet Schluter & son futur disciple Store, aprés les avoir chargez tous deux de son petit équipage Philosophique. A l'aide des Rennes, & à la faveur des glaces & des neiges que la rigueur du froid avoit fort endurcies, ils arriverent en peu de jours à Uma, & de-là dans la cabane de Store. Les Lappons reçoivent charitablement tous les Etrangers. Cette inclination jointe à la recommandation & aux soins de Store, fit que M. des Cartes fut reçu avec beaucoup de caresses. Cet accueil le charma. Il fut logé dans une cabane separée, qui luy avoit été dressée. Tandis qu'il s'y accommodoit, Store retourne à Upsal pour lui lever des disciples. Il leur dit qu'un grand Docteur

étoit

étoit venu de bien loin dans leur
païs, qui promettoit de leur apprendre tout ce qui est, ce qui a été,
& ce qui fera; qui fe moquoit de
tous les profeſſeurs d'Upſal, & de
leur Philoſophie; qui n'étoit pas ſi
ſevere qu'eux, quoy-que ce qu'il
diſoit fuſt bien plus difficile à com-
prendre, & encore plus difficile à
croire que ce qu'ils diſoient; que
c'étoit un fort bon homme, aſſez
fait comme eux, & qu'ils pren-
droient aiſément pour un de leurs
compatriotes, à la petiteſſe de ſa
taille, à la groſſeur de ſa teſte, à la
noirceur de ſon poil, & à la couleur
olivaſtre de ſon teint. Il en débau-
cha ſept ou huit par ces diſcours.
Quatre ou cinq autres ſur de pa-
reilles remontrances deſerterent
l'ecole de Lykſala, & le ſuivirent.
Quand ils ſe furent tous rendus
auprés de leur nouveau maiſtre,
il ne tarda pas à faire l'ouverture de
ſes leçons.

F I N.

www.ingramcontent.com/pod-product-compliance
Lightning Source LLC
Chambersburg PA
CBHW071345030726
47594CB00002B/766